시간의 원근법

김치원 시집

쓰리제이

차례

1_ 괄호 속의 삶 — 9

봄은 언제나 새봄 • 11
살 빼기 • 13
영수증 한 장 • 15
책임 지는 삶 • 17
터무니 없는 약속들 • 19
나의 약점에 대한 위로 • 23
완전한 자유 • 27
세상의 모든 말들 • 29
미니멀리즘 • 31
지식인의 힘 • 35
미세먼지 • 37
외국어 공부-어느 한글날에 • 38
겨울 덕장 • 43

오늘이 명절 • 47

권장 사항 하나 • 49

아는 만큼 보인다? • 53

오직 믿음 • 55

우리는 친구가 될 수 없다 • 57

사차원 풍경 • 59

시간의 원근법 • 60

와각지쟁(蝸角之爭) • 63

진실이 우리를 속이기도 한다 • 64

괄호 속의 삶 • 65

달콤한 것을 좋아하세요? • 66

말 섞지 않을 사람 • 69

차례

2_ 보이스피싱은 과학 — 71

평생의 작품 • 73
푸른 솔을 사랑하지만 • 74
자기중심의 감사 • 75
판타령 • 76
AI글쓰기 • 78
보이스피싱은 과학 • 80
구름이 흘러가듯이 • 82
양념도 적당히 • 83
현금 배급 • 84
바른 말을 바르게 하기 • 85
장미는 작업으로 태어났다 • 86
이런 기도가 필요할까 • 87
날씨를 연주하다 • 88

고쳐 쓸 수 있는 것 · 89

나의 신(神) · 90

새벽에 지는 달 · 91

짐승 같은 인간이 짐승과 다른 점 · 92

비판 · 93

염량 세태 엄마 마음 · 94

통하다, 애통하다 · 95

용맹정진 · 96

평행론 · 97

나의 길은 나만이 가는 길 · 98

함부로 하는 저주 · 99

3_ 짝퉁인생 ———— 101

세 곳 다니다가 종치다 • 103
잡초는 없다 • 105
허송세월가(虛送歲月歌) • 106
새벽 그믐달 • 109
글쓰기 모임 • 110
앞만 보아야 할 때 • 111
미학의 이유 • 113
슬픈 문화유산들 • 115
나를 버리지 못하여 • 117
한 아기를 위해 • 119
노래에 살고 사랑에 살고 • 121
감사는 호흡처럼 • 123
하루만 진실하기 • 125

날개 • 127

짝퉁 인생 • 128

AI무당 • 130

낯설어 보이는 나 • 133

오늘 누굴 만날까 • 135

마땅치 않은 법언(法諺)들 • 136

매화 그늘에서 • 139

장미의 이름 • 140

개 키우는 이들에게 • 143

나를 외면하는 주님께 • 145

이 또한 지나고나면 • 147

돌아온 귀신 • 148

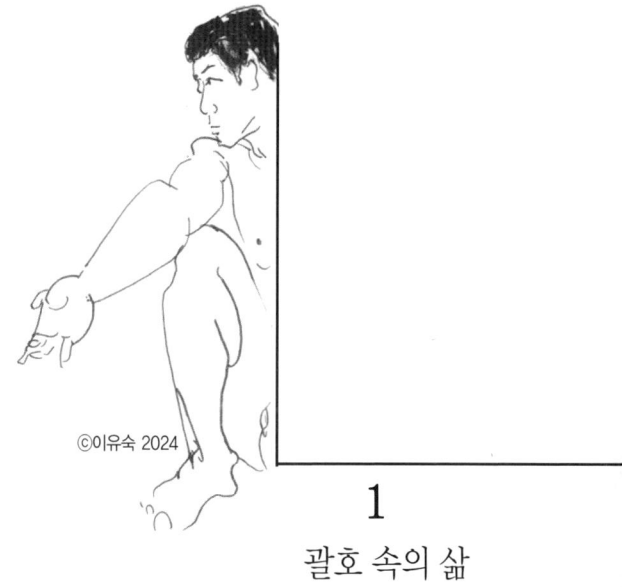

1
괄호 속의 삶

봄은 언제나 새봄

새 아기처럼
어린 새봄
길가 민들레
새 얼굴
발 아래 잔디
새 모습
떠났던 당신이
나타나는 것은
새로움 아닌
새삼스러움
내 곁을
지켜주는 친구는
언제나 새 친구
오만도 아부도
새삼스러움
겸손함은 언제나
새로움

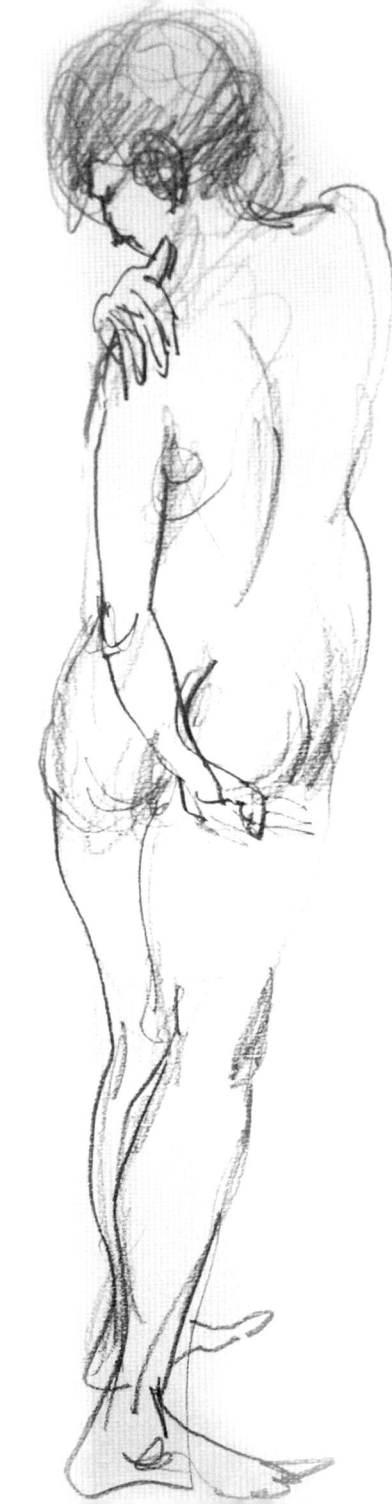

살 빼기

세상이 만만해질 무렵
오만해지는 것은
정신의 지방(脂肪)때문
몸에 운동이
마음에 단련이
날마다 필요한 이유

영수증 한 장

책갈피 사이에서 떨어진
오래된 영수증 한 장
지난 해 이맘 때
어느 골목 식당
지금도 있을까
장사 잘하고 있을까
어디든 지나다 보면
가게 하나 사라지고
그 자리에 다른 새 점포
시설하고
월세 내고
또 얼마나 버틸까
꽃은 한 철 피고 져도
사람의 먹고 사는 일이
한 철이라니

책임 지는 삶

그것은 누구나의 짐
높을수록 많이
누릴수록 크게
말한 만큼
행한 만큼
또한
말하지 않은 만큼
행하지 않은 만큼
어느 데이터에서 찾으랴
책임지는 삶
책임진다면
독재라도 좋을 듯
살아온 만큼
져야 하는 책임
오래 사는 시대 왔다 하니
삶의 책임
더 감당하기 두렵네

터무니 없는 약속들

터무니 없는 게 있으면
터무니 있는 것도 있겠네
엉터리 없는 게 있으면
엉터리 있는 것도 있겠네
어처구니 없는 게 있으면
어처구니 있는 것도 있겠네
어의 없나요?
어의(語義) 있습니다
피와 땀과 눈물 없이
영어를 하고
돈을 벌고
건강해지는 것은
터무니도 엉터리도 어처구니도
없는 것입니다.
터무니는 피
엉터리는 땀
어처구니는 눈물입니다

나의 약점에 대한 위로

금수저가 아닌 것은
나의 잘못이 아니다
귀족으로 태어나지 못한 것은
나의 잘못이 아니다
재주 없이 태어난 것도
나의 잘못은 아니다
금수저가 자랑이 아니고
귀족이 자랑이 아니듯
재능도 자랑이 아니다
부자가 사람을 무시하면 안 되듯
천재도 누구를 무시하면 안 된다
그저 타고난 혜택일 뿐
타고난 것들이 그대를 고귀하게 하지 않는다

완전한 자유

선한 의도는
배신 당하고
악당도 본의 아니게
세상에 기여하는 수가 있다
자유는 역으로
인간을 구속하고
자유로 인해
죄악의 노예가 된다
오직 순종할 줄 아는 이만이
자유를 누린다

세상의 모든 말들

언어는 없다
침묵보다 더 깊은
적멸(寂滅)의 깨달음 밖에

미니멀니즘

낮출 수 있게 하소서
버릴 수 있게 하소서
낮은 곳에서
만날 수 있는
기쁨의 샘물
버리고 나서
솟아나는
감사의 눈물

지식인의 힘

불의의 파수꾼
악마의 사제
아전인수(我田引水)
견강부회(堅强附回)
곡학아세(曲學阿世)
혹세무민(惑世巫民)

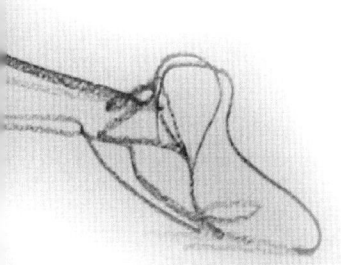

미세먼지

눈에 보이지 않아도
우리는 알고 있다.
우리가 모르는 것은
창문을 닫고
마스크를 써도
우리의 도시에 편재하는
허영과 욕망
눈에 보이지 않게
폐부로 스며든다.

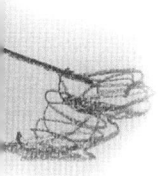

외국어 공부
– 어느 한글날에

세상의 모든 말들
다 다르기만 할까
뿌리는 하나
열매도 하나 아닐까
모든 말들이
때로는 고결하고
때로는 저열하며
혹은 자비롭고
혹은 잔혹하다
부모의 품 떠나 듯
모국어 밖으로 나와
언어의 세상을 본다
부모님이 그러하듯
모국어는 질투하지 않는다
길고 고단한
낯선 언어의 여정을

염려한다
타인이 자아의 거울이듯
하나의 말은
또 다른 말을
비춰주리라
우리는 더 풍요롭게
모국어의 품으로
돌아오리라

바르고 마르고 마르고

이제 찢기고 찢길 일만 남았구나

슬퍼하지 말라

너의 얼은 얼지도 찢기지도 않는다

죽은 몸은 벗어던진 옷이니

인간만이 입는 그런 옷이니

겨울 덕장

죽어서도 모진 운명

꿰이고 달리고 매달리고

얼고 얼리고 얼고 얼리고

녹고 녹이고 녹고 녹이고

얼고 녹고 얼고 녹고

cherry blossom

peony

azalea

magnolia

hydrangea

오늘이 명절

작은 깨달음이나마 있었던 날
감동이 있었던 날
책 읽고 내가 변화되었던 날
그런 날이 나의 명절이다.
오늘을 나의
하나의 명절로
만들고 싶다.

권장사항 하나

마음의 상처를 받았어요? 며칠만 견디세요.
몸의 상처보다 덜 아프고, 더 빨리 낫는답니다.

정작 중한 종양은 깊은 데서 아픈 줄도 모르고
자란답니다. 스스로 마음 속 건강을 챙기세요.
미움과 집착이 있는지 살펴 보세요.
진짜로 위험한 종양을요.

아픔은 낫게 마련입니다. 아픔 없는 병이
위험합니다.

나를 버리고 간 것들에 집착하지 마세요.

밥을 잘 먹도록 해요. 사랑은 없어도 살지만,
먹지 않으면 살지 못합니다. 타인의 사랑을
바라지 말고, 자신을 사랑하세요.

아는 만큼 보인다?

해설을 들었다고 아는 것일까?
보이는 만큼 아는 것.
아는 만큼 사랑하는 것이고,
사랑하는 만큼 아는 것.
책을 읽은 만큼
세상이, 인생이, 예술이
보이는 것일까?
앎은 시작일 뿐.
눈을 뜨는 것은
앎의 씨앗이 자라서
맺는 열매,
긴 시간 사랑으로
가꾸어내는 보람.

오직 믿음

두 점 사이의 직선이
가장 가깝다는 공리
그것은 믿음이지 증명이 아니다.
모든 논리는 믿음에서 출발한다.
신앙도
무신론도
자유주의도
집단주의도
복잡한 이론도 재와 같고
싱싱한 푸른 나무는 믿음이다.
그 믿음은 증명이 어렵다.
대가가 따를 뿐이다.
현 세대에서든 다음 세대에서든
현세에서든 내세에서든.
"나는 고발한다"(J 'Accuse)라고 하기 전에
나는 믿는 것이다.

"나는 고발한다": 에밀졸라

우리는 친구가 될 수 없다

아쉽지만
친구가 될 수 없다
인맥을 만들지언정
친구를 만들지 말라
신분이 달라도
재산이 달라도
친구가 될 수 있지만
생각이 다르면 친구가 될 수 없다
그냥 알고 지내라
그냥 돕고 지내라
인격만은 존중해라

사차원 풍경

이차원의 화면에
삼차원의 풍경을 묘사한다.
그조차 어렵거늘
하물며 그건
정작 덜 중요하다고 한다.
사차원 시간을 담으라고 한다.
보이지 않는 풍경을
묘사하라고 한다.
볼 수 없는 세계를
나타내라고 한다.
마음의 눈으로
보라고 한다.
실패를 사랑하는 자만이
감행하는
무모한 도전.

시간의 원근법

명산도 멀리서는
배경일 뿐이다
어제의 영욕 내일의 소망도
압도하는 전경(前景) 오늘
그 뒤에 흩어진 그림자
풍경을 찾는 이는
산을 향해 발걸음 옮기지만
시간이 그려내는 풍경에는
발품조차 팔 수 없다
그림은
평면 속에 입체를 담아 내지만
소실점 짧은 시간 속
우리의 시력은 허약하다
풍경 속 착시보다
시간의 착시는 가혹하고

거기엔 습작은 없다
거장도 없다
아는 것은 단지
우리 앞에 버티고 있는 전경이
모르는 사이에
배경으로 아득히
물러난다는 것

와각지쟁(蝸角之爭)

은하계에서
행성 하나 사라져도
사건이 아닌데
달팽이 뿔의
수십 억 세균들이
잘도 싸우누나

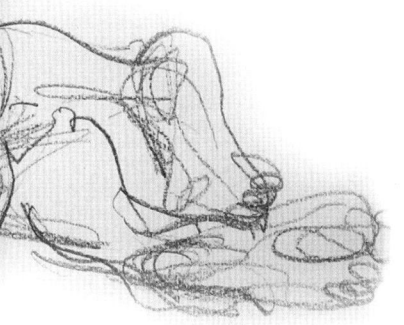

진실이 우리를 속이기도 한다.

믿는가 당신이
진실을 사랑한다고
진실은 밝혀지는 것이라고
진실이 승리한다고?
나는 안 믿는다.
무엇이 진실인지조차
알지 못한다.
진실이란게
불편하더라.
진실이 있어
섭섭하더라.
그게 나를 속이더라.

괄호 속의 삶

L=x(a+b+c+d+e,f,g....)

L: 인생(의 가치)

a,b,c,d,e..... : 모든 성공의 종류

x: 참된 영혼

달콤한 것을 좋아하세요?

달콤한 것에 약한 그대
초콜릿 한 접시 먹고 나서
후회하지
달콤한 맛 뒤에는
씁쓸함 뿐
금단의 것들은
보기부터 단맛이네
꽃뱀과 제비들
예쁘고 잘 생기고
달콤하게 말하지
그 유혹에 끌려 망가지지
권력의 단맛은 마약과 같아
나라를 망치면서도
헤어나지 못하지
현명한 아내의 말은 입에 쓰고
부정한 여인의 말은 달콤하지

쓴말은 정신을 일으키는 명약
단말은 신세 망치는 독약
권력도 아무 것도 없는 민중들
달콤한 말에 넘어가
한 표를 엿바꿔 먹으니
나라가 무너진들 누굴 원망하랴
탄수화물 중독에 빠진 '민중'아
너희 자녀들의 앞길에
마라의 쓴물이 흐르리라

말 섞지 않을 사람

담배꽁초 버리는 사람
쓰레기 버리는 사람
입이 험한 사람
통화가 긴 사람
액정 화면만 들여다 보는 사람
아직 더 있지만 여기까지만

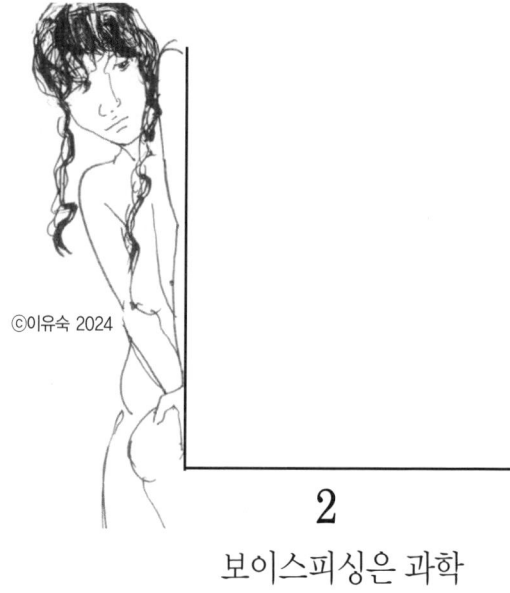

2
보이스피싱은 과학

평생의 작품

우리가 평생 빚어야 할 작품은
우리 자신
소나무의 멋스러움
잣나무의 의젓함
전나무가 닮지 않아도 좋다
도예품보다
소박한 오지 그릇이 더 진실이다

푸른 솔을 사랑하지만

다른 나무들보다 추켜세우지는 않으리라
장미를 사랑하지만
다른 꽃보다 아름답다고 하지는 않으리라
세존께서 비천한 여인을 인정하셨으니
그 여인은
모든 손님에게
귀천을 불구하고
똑 같이 봉사했음이라
빈자의 등불을 사랑하셨음이라

자기중심의 감사

감사를 하면
더 감사할 일이 생긴다고 하지만
더 감사할 이유를 쌓고자 하는
감사가 아니기를!
책 읽을 방이 있음을 감사
오늘의 양식이 있음을 감사
연약한 마음이기에
그렇게 감사하지만
가진 것이 없음에 감사하고
주어지지 않은 것으로 감사하기를!
남보다 더 누리는 것으로 감사하지 않기를!
자랑이 감사가 되지 않고
오직 이웃 사이에 따뜻함을 더하는
다만 세상에 푸르름을 더하는
그런 감사이기를!

판타령

사람은 죽을 판
바이러스는 살판
고흐의 들판은
까마귀 판
새만금 벌판은
아사리판
잼버리는
깨진 판
다음엔 제대로
축제 한 판
백두장사는 씨름판에
조폭들은 싸움판에
무당은 굿판에
장사꾼은 시장판에

정치판은 제발
개판 되지 마
주식판은 노름판 되지 마
커져가는 판돈
한판에 뒤엎지 마
음식문화 거리는 먹자판
화가는 그림판
악사는 소리판
이 판 저 판
판판이 잘되게
이판사판(理判事判)
판 키워서
세계를
대한민국 판으로!

AI글쓰기

쉽게 얻은 것은 쉽게 사라진다
하물며 얻은 것이 없음에도
얻은 줄 안다
타자기 나오고 글씨 못 쓰고
계산기 나오고 암산 못 하고
네비 나오고 방향치 된다
달리기는 동물보다 못하고
지능은 이제 기계보다 못하겠구나
하지만 의존하지 말라
기계가 백 줄의 글을 써 준다 해도
너의 말을 통역해 준다 해도
인간은 달려야 하고
어학을 공부하고
글을 써야 한다

인간은 주인으로 살아야 하고
인간은 만물의 척도로
자연의 입법자로 살아야 하기에

보이스피싱은 과학

사기는 과학
사기꾼은 자못 예술가(con artist)
한 인생을 파탄시키는 범죄
순식간에 노예로 만들어 버리는 마법
누군가는 올가미에 걸린다
백분의 일의 확률
그것은 수학이다
그들의 목소리 연기에 깜빡
멘붕이 와서
고분고분해 지는 현상
그것은 과학이다
옛날에 한 도적이
도둑질에도 도(道)가 있다 했던가
그 도는 과학이고
기술이고

심지어 윤리이기까지 하다
여러분 과학을 적용합시다
거짓 선동 2%는 먹힙니다
선거에 써 먹읍시다
악랄할수록 효과 있게
멘붕 일으킵니다

구름이 흘러가듯이

온갖 상념이 머릿속을 지나간다.
구름이 그 형체가 바뀌듯이
떠올랐다가 잊히는 생각들
때로는 먹구름이 가린다.
오늘도 불완전한 하루였다.
그래도 편안했다.

양념도 적당히

소량이 섞여 있으면 약
정량을 초과하면 독
양념이 넘치면
음식 맛 버리듯
소수에 그쳐야 할
그런 종류의 인간들이
너무 많아서
해악이 크구나
많을수록 좋은
의인은 너무 없구나

현금 배급

친구가 분식집을 알아놨단다
김밥이 맛있더라고
몇 번 다니다가
주인과 말 문을 텄다
해서는 안 되는
정치 얘기를 했단다
쥔장의 말인즉
자기는 돈을 주는
당에다 표를 주겠다고
그 당이 서민을
돌보는 당이라고
돈이 무섭긴 하구나
잘도 매표해 놨구나
차세대 착취
현세대 매수
먹히는 구나
그 뒤로 친구는
분식집을 가지 않았다

바른 말을 바르게 하기

법(法)의 그물은
성기면
빠져나가고
촘촘하면
숨막힌다
너의 말이
헐거우면
사람이 헤프고
입바르면
깐깐하다
반듯하면서도
부드럽기가
어렵구나
힘과 부드러움이 함께 하는
스윙을 위해
얼마나 수고하는가
그런 말을 위해
얼마나 수고하지 않는가

장미는 작업으로 태어났다.

사랑으로 태어난 건 아니다.
나를 피워낸 것만 사랑이다.
철 들고 나서 나는
수 많은 장미 가운데
한 송이인 것을 알았다.
혼자 태어나고
나중에는
사랑 없이
혼자 시들어 가고
죽는다는 것을 알았다.

이런 기도가 필요할까

내 병이 낫기를
시험에 붙기를
승진하기를
부유해지기를
자식이 출세하기를
....
축구 시합에서 우리나라가 이기기를
전쟁에서 승리하기를

날씨를 연주하다

북쪽 파란 하늘
남쪽 푸른 바다
언제나 장조(長調)의 나라
봄 여름 가을 하늘
저마다 다르고
흐리고 우울하기도 하여
계면조(界面調)가 있는 나라
어제는 부드러운 바람이 따스하게
살갗 스치는 완전한 화음
오늘은 빗줄기 사납고
바람도 심술궂은
불협화음도 빚어내는 나라

고쳐 쓸 수 있는 것

사람을 고쳐 쓸 수 없다네요.
소와 말 타고난 그대로 부리고
그 그릇에 따라 쓰세요.
남을 고치기보다
나 자신을 고치기가 빠르죠. 그것도
어렵긴 하지만요.
나는 나를 바꿀 수 있어요.
나를 새롭게 고쳐 나가는 것은
가능하기도 하고
의무이기도 해요.

나의 신(神)

나의 신은 나약하다
내 고통에 도움이 안된다
자신도 못박혀
꼼짝못하고 있다
나의 신이 높이 달려 있음은
조롱받기 위함이다
나의 신은 가난하다
나에게 나누어줄 것이 없다
밑바닥에 끌려 내려와
짓밟힌다
비천하고 무력한 당신
그래도 나는 따르렵니다
낮은 것이
높음이라는 걸
어렴풋이 알기에

새벽에 지는 달

서녘 하늘에
둥근 달이 지고 있다.
날이 밝아온다.
핏기 잃은 달이
창백하게 스러진다.
어느 권세의
하향길처럼.

짐승 같은 인간이 짐승과 다른 점

올가미에 걸린 짐승은
자기를 구해주려는 사람을
몰라보고 공격한다.
궁지에 빠진 인간은
기다렸다가
구조 받은 다음에
공격한다.

비판

열 명의 도둑을 놓치더라도
한 명의 억울한 사람을 만들지 말라고?
한 마리의 미꾸라지가
열 명의 보살핌을 빼앗고 있을 땐
어떻게 하나요?
바구니 속의 과일 하나가
썩어가고 있을 때에는?
하나의 명제, 하나의 답은
없군요.
비판은 참으로 두려운 일.

염량 세태 엄마 마음

자기 애 비행을 일삼아도 감싸고
남의 자식 미워하고
사고로 여러 아이들 다쳤어도
내 아이 멀쩡하면 안도하는
그게 엄마 마음 아닌가요?
아들이 군대 가면
나라를 불지르고 싶고
군대가 휴양지 같기를 바라는
그게 엄마 마음 아닌가요?
엄마 마음 비하해서 미안해요.
무조건 칭송해야 하는데.

통하다, 애통하다

진심은 통한다
그래서 악용 당한다
진심은 무기가 아니다
바른 마음도 아니다
안이함이다
통찰 없음이다
정의는
포장용이다
정의는 힘이 아니다
나의 정의가 반드시
정의도 아니다
진심이든 정의든
승리를 위한 무기가 아니다
그렇기에 더욱
절대적이다.

용맹정진

입시 고시를 앞두고
제법 용맹정진해 봤다.
경쟁을 위해서 말고
우리도 안거(安居)에 들어
수행에 정진해 보자.
은퇴한 뒤에라도
독서에
용맹정진해 보자.

평행론

평행 우주가 있다 하니
위안이 되누나
좁은 행성에서
부대끼며 살았는데
짧은 세월 동안
사람 되기 힘들었는데
숨통 트여 너그러워지누나
너를 용서하고
나도 용서를 빌게
평행한 우리는
만날 수는 없는 걸까
너는 너대로 나는 나대로
살아가더라도
평행선이 멀리 소실점에서
만나듯
어느 먼 지점에서
만나게 되지 않을까
서로 한결같기만 하다면.

나의 길은 나만이 가는 길

아무도 대신 갈 수 없다
함께 갈 수도 없다
주변의 사람은 그림자일 뿐이다
이정표 없는 길
배워가면서 간다
걷지 않으면 알 수 없고
일하지 않으면 배울 수 없고
싸우지 않으면 익힐 수 없는 길
나를 인도하는 것은
선한 양심
탐구하는 마음
밤길에 밤눈을 트여가며
나아갈 뿐

함부로 하는 저주

잦은 입바른 소리
자신의 발밑을 무너뜨린다.
제 길에 덫을 놓는 일
네 자신의 함정에
너의 올무에
네가 걸릴 것이다.
자신이 정의롭다고
착각하지 말라.
남의 단점을 들춰낸다고
저주가 일상인 자들
알고 보면 불쌍한 자들

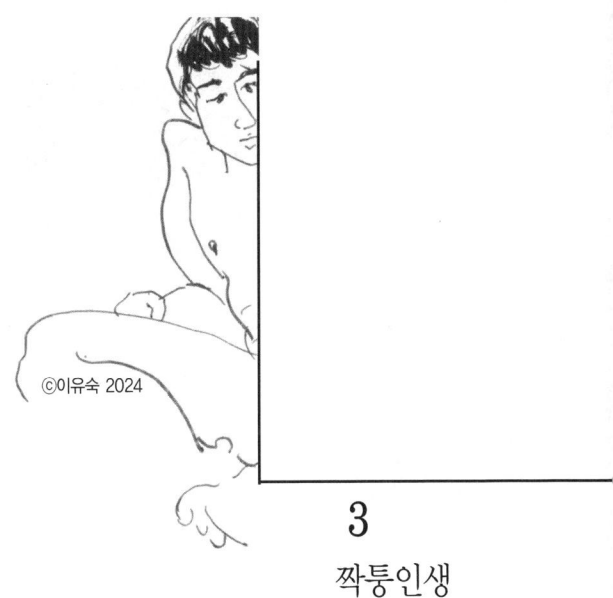

3
짝퉁인생

세 곳 다니다가 종치다

학교 다니고
직장 다니고
병원 다니고

잡초는 없다

나더러 시정 잡배(雜輩)란다.
잡인이 없듯
잡초는 없다.
미안해.
너의 이름을 몰라서
그렇게 불렀어.

허송세월가(虛送歲月歌)

이 풍진세상에
날라리로 살다가
떠날 때가 되고 보니
쌓인 것은
빈 술병뿐
비틀걸음 살아왔지만
가난하고 착한 벗들아
이룬 것 없다 하여
헛산 건 아니겠지
출세했다고
부자됐다고 잘 산 건 아니라네
남 속일 줄 모르고
내 돈 떼일지언정
남의 돈 떼어먹지 않고

의리 지켜
소주 한 잔으로
서로의 눈물 닦아주고
추레한 차림으로라도
활보하고 살았으니
내 분수 지켰다 하고
남은 날 살아가자구.

새벽 그믐달

여명에 동쪽으로
기어 올라온 달
티끌 같아서
보이지 않는 달
해님이 올라오시면
모습 지워져
종일 하늘을 횡단했어도
아무도 모르는 달

글쓰기 모임

잘쓰는 작법
말하지 않아요.
글다듬기는
마음다듬기.
너그럽게(남에게)
깐깐하게(나에게)
낱말마다
인격을 담는다.
지적하지 않고,
과시하지 않고.

앞만 보아야 할 때

터널을 나오기까지
돌아보아선 안된다.
부지불식 간에
뒤돌아보는 순간
롯의 아내처럼
소금기둥이 되거나
오르페우스처럼
절망에 빠지게 된다.
작은 충동을 왜
이기기 어려운가.
좀 더 견디고
앞만 보아야 하는 때
성급히 나비를
알 속에서 꺼내지
말아야 한다.
지금은 어떤 때인가.

미학의 이유

깨달음의 점 하나
화려한 묘사보다 낫다.
유창한 기도가
기도의 이유 아니고,
달콤한 속삭임이
사랑의 증거 아니듯.

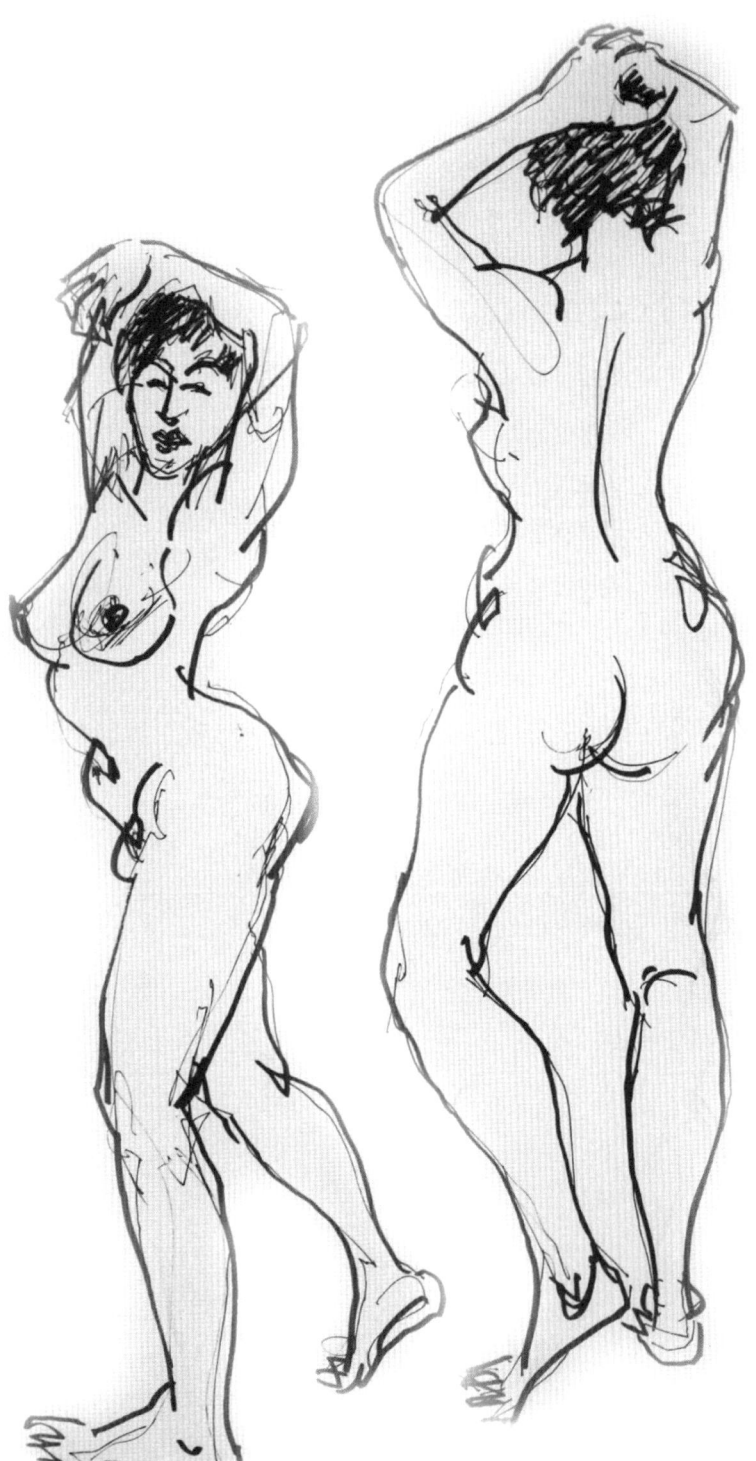

슬픈 문화유산들

만리장성
피라밋
천민들의 피와 살과 뼈
콜로세움
노예들과 순교자들의 몸
조상의 살과 뼈가
학대받은
모든 악의 증거물 위에서
우리는 감상하고
즐긴다.

나를 버리지 못하여

네가 쓰레기를 길에 버린다고
교통법규를 어긴다고
나무를 꺾는다고
탄소를 배출한다고
나의 반듯한(?) 마음이
분노한다.
온통 마음에 들지 않으니
누굴 사랑한다고 말할 수 있으랴.
내 인격이 시험받고
무너졌구나.

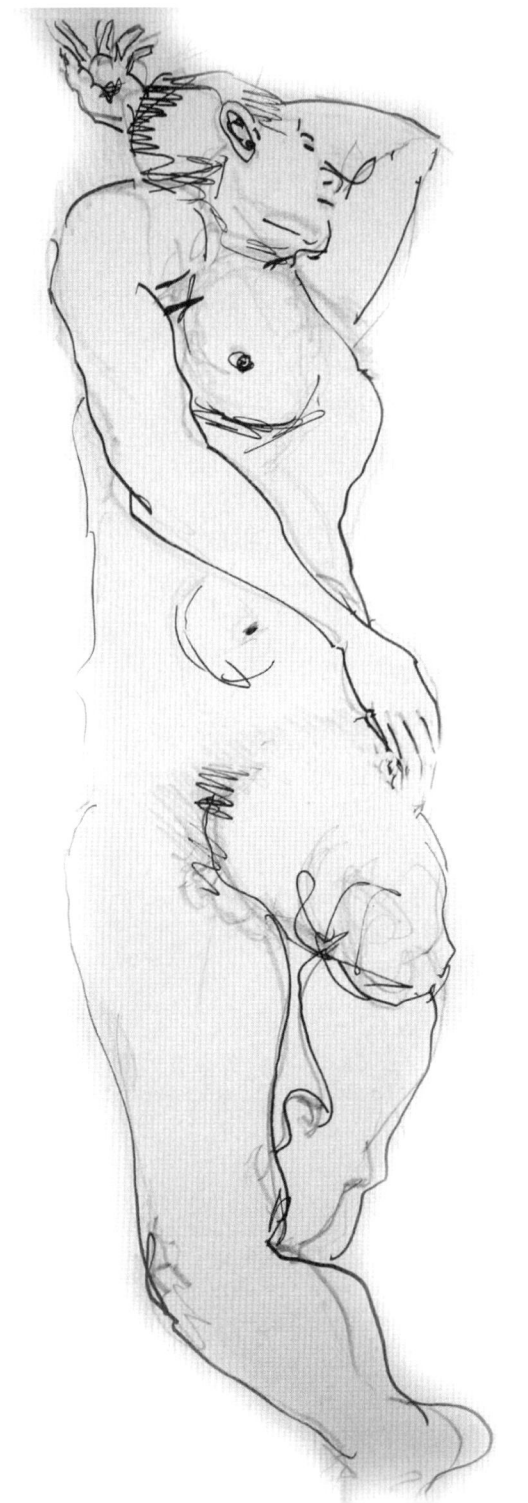

한 아기를 위해

한 아기를 위해
한 마을이 있어야 하네.
한 마을을 위해
한 나라가 있어야 하네.
한 나라를 위해
한 행성이 있어야 하네.
한 행성을 위해
한 태양계가 있어야 하네.
한 태양계를 위해
한 은하계가 있어야 하네.
그리고, 그리고….
이 거대하고 정밀한 기계를
누가 정비하길래
억년을 넘어 돌아가는지?

노래에 살고 사랑에 살고

나는 노래한다
고로 존재한다
나는 감사한다
고로 살아간다
흙이 그릇이 되듯
감사의 노래가
흙 같은 나를 빚는다
눈 닿는 자리의
말 없는 사물들
풀잎 하나에
마음을 전한다

감사는 호흡처럼

순간마다 해야 하는 것
하루 한 번도 하지 않았구나
어떻게 영혼이 건강할까
허공을 향해 감사
이웃을 향해 감사
나 자신에게도 감사
의례가 아닌 호흡으로

하루만 진실하기

마음을 감추며 살아 왔다
마음을
방치하지 말고
오늘 하루라도
자신에게 솔직해져 보자
영원 속에서
평생도 순간
순간도 평생
진실했던 한 순간이
영원 속에
살아 있을 것임으로

날개

천사가 나에게 오리라고
기대하지 않았다.
부모도, 스승도, 귀인도,
유전자도 없었다.
분투의 세월을 보내고 배웠다.
천사는 날개 달린
가브리엘의 모습으로
오지 않는다는 것을.
보잘 것 없는 이들이
나의 천사들이라고,

짝퉁 인생

너훈아씨
"나"로 살지 못하고
"너"로 살았군요.
당신은 결코
짝퉁이 아니었어요.
나는 명품 좋아해요.
짝퉁을요. 진품보다
낫기도 해요.
모시지 않아도 돼요.
누가 자기 이름으로만 살았나요?
모두 가신(家臣)으로 살았고
부장 과장으로 살았고
졸(卒)로 살았어요.
앞으로 우리 모두

"나"로 살아가는 날을 꿈꿀게요.
나를 내세우는 "나"가 아닌,
"너"를 높여 주는 "나".
"나와 그것"이 아닌
"나와 너"의 세상을.

AI무당

AI미녀에게 신이 내렸다
얼굴 몸매 피부
당대 최고의 미인이
질투한다
나이 들지 않고
되레 미모는 수시로
업그레이드되어
갈수록 매력적이다
그녀는 최고로 용하다
찾아오는 손님마다
머릿속 뱃속 훤히 들여다 본다
과거사도 미래운도 꿰뚫어 준다
손님마다 야단 맞고
손님마다 조아린다

역대급 무당과 술사
명리학을 입력하고
최신 정신의학 뇌과학을 장착했다
그녀가 신이 되는 건
시간문제다

낯설어 보이는 나

남이 사진 찍어준
내 모습이 낯설다.
녹음해서 들어보는
내 목소리 귀에 설다.
늘 거울 속에 보고
말하면서 듣던
그 모습 그 목소리 같지 않다.
나는 정작 내 모습
내 목소리를 모른다.
남의 눈에 비치는 모습,
남의 귀에 들리는 목소리를.
내 마음인들
내가 알겠는가
거울을 들여다 보면서도
마음을 들여다 볼 줄 몰랐으니.
내 참 모습 참 마음을
어떻게 알 수 있을까.

오늘 누굴 만날까

아침에
까치를 만났다.
비둘기를 만났다.
장미를 만났다.
오늘 누굴 만날까
하다가,
벌써 다
만났잖아?

마땅치 않은 법언(法彦)들

권리를 위한 투쟁
필요할 때도 있지
이젠 권리 양보도 좀 합시다
그악스러운 세상 됐어요
권리 위에 잠자는 자는
보호 받지 못한다구요?
권리 내세우지 않는 이들을
더 보호합시다
의무 위에 게으른 자를
보호하지 말아야지요.
세 놓고 화장실도 고쳐주지 않는
건물주 편이 되는 게 법인가
지킬만한 정조가 아니면
지켜주지 않는다는 판사는 누구였나
카사노바 편드는 법리가

한 때 명판결이라 했지
사기꾼 피해자의 재산
지킬만한 가치가 없는가.
그래서 사과하면 오히려
약점이 되는 날이 왔어요.
절대 사과하지 맙시다.

매화 그늘에서

마음에 그늘이 있어도
얼굴에는 밝은 미소
홀로 눈물 삼켜도
돌아서서
다정한 얼굴만
보여주는 사람
아픔을
홀로 삭히고
전하지 않는 사람

장미의 이름

대지가
달아오를 무렵
불꽃 수(繡)를 놓네
수퍼스타(super star)
그 이름 당당하고,
벨베드레(belvedre)
향기롭다.
퀸어브로즈(queen of rose)
담드꾀르(dame de coeur)
샤틀레
티키에
……
우아한 장미의 이름들
올해는 또 어떤 이름의
장미를 선보일까

진실에도
사랑에도
선한 마음에도
가시 없으면
빛나지 않지.
가시 없는 장미에는
어떤 이름도 어울리지 않지.

provid
quotidi
rapacio
covetous
cove
covetous

fleet fleet
fade away
evanescent
meteoric
clout
puissance
meteoric
meteoric
meteoric
meteoric

개 키우는 이들에게

껄끄럽고 상처 주는 사람보다
개가 편할 수 있겠네요.
무지개 다리 건너가면
가족 잃은 슬픔이라죠.
딸 아들 남편 그 다음
개가 가족이죠.
개를 사랑하더라도
개 수준이 되지는 맙시다.
집에서
공원에서
열차 안에서
개에게 신경 쓰듯
사람과 소통합시다.
껄끄럽더라도.

사람은
가장 아름다울수도
가장 추할 수도 있는 동물

사거리 과일점   하얀
  거리의 현각곽   벤리

악숙시민 깨어라

  정치 이야기를 하지
    않는다면

  범죄를 응호하라
    그 집단의 편에 선다면

  획적을 바르지 못함도
 양심의 값이
  바르지 못함

나를 외면하는 주님께

나를 부르는 음성
들리지 않았습니다.
문 두드리는 소리
없었습니다.
내게는 닫힌 문
제가 주님을 찾습니다.
주님 식탁의
빵 부스러기조차
은혜이기에
막막한 벌판에서
찾습니다.

이 또한 지나고 나면

이 또한 지나가리라(Hoc quoque transibit)
즐거운 날도
괴로운 날도
소중한 인연도
끔찍한 악연도
지나가는 바람
흐르는 강물
이것만 알아도
인생의 배움

추억으로 남는 날
그리움으로 남는 인연
악몽으로 남는 날
아픔으로 남는 악연
삶의 너머에서
모두 삭힘이 되어
또 다른 나를 빚으리

돌아온 귀신

- 귀신이 돌아와 보니, 그 집이
수리되고 청소되어 있어, 이에 가서
저보다 더 악한 귀신 일곱을 데리고
들어오니 *(누가 11:22)*

그 귀신이 돌아왔다
오천년 머물던
가난 귀신
지내지 못하고
떠나갔던 귀신
세상 천지에 머물 곳 없어 헤매다가
돌아와
제 눈 의심했네
굽은 논길 초가지붕
달구지 신작로 사라지고
포장도로 승용차
고층건물 즐비하네

까맣게 찌든 얼굴들 사라지고
희멀건 낯빛에
신수 훤한 사람들
즐비한 카페와 식당
귀신은 누굴 돕진 못해도
망쳐 먹는 일이 본업이라
나 혼자 등쳐먹기 재미없다 하여
친구들을 불러온다
무사안일 귀신, 혹세무민 귀신,
내로남불 귀신, 과소비 귀신,
분탕질 귀신, 요설선동 귀신, 막가파 귀신…
그토록 고생하여
이룩해 놓고
어찌하여
귀신이 돌아올 줄
몰랐던고?

시간의 원근법
ⓒ김치원 2024

초판 1쇄_ 2024년 4월 8일

지은이_ 김치원
펴낸이_ 정진자

디자인/편집/제작_ 쓰리제이(3J)
표지그림_박진희
캐리커쳐_데이비드 한
내지그림_김치원, 이유숙, 정진자
인쇄_ (주)서경문화사

출판등록_ 제313-2010-28호

주소_ 서울시 마포구 양화로 156, LG팰리스 1216호
전화_ 02-335-5651
팩스_ 02-335-5668